너는 야구를 좋아하는 걸까
야구공을 좋아하는 걸까

주향숙 시집

시인동네 시인선 252

주향숙 시집

너는 야구를 좋아하는 걸까
야구공을 좋아하는 걸까

시인동네

시인의 말

경계에서 외줄을 탔다.

공중에서 지상으로 내려섰을 때 노랗게 잊었다.

그 후로 자주 웃었다.

2025년 4월

주향숙

차례

제2부

제3부

제1부

요요

구석이 오랜 그의 자리였죠
먼 곳에서 소식이 왔어요 부고가 왔어요
슬퍼해야 할지 잠시 생각해 봐요
그러니까 슬퍼졌어요
우리가 아는 사이였던가요
한 번도 본 적 없는 사람들이 너무 쉽게 죽어요
우리는 모르는 사람 하지만,
너무 쉬워요 이별이
첫 배냇저고리 같은
죽어서 더 조용한
눈이 커다란 인형인 줄 알았어요 담벼락 아래
노란 민들레처럼
한쪽 눈은 감고 다른 쪽 눈은 떴어요
한밤중에 아버지가 사다 주신 인형도 그랬어요, 찡긋
별이 빛나는 푸른 밤에
세상의 모든 슬픔
하품을 해요

사과는 사과를

꿈같은 거 꾸지 말고 당신한테 가지 말고
그냥 살까 하다가도
여자는 아이를 낳고 사과는 사과를 낳고
누는 누를 낳고

아이를 낳는 동안 구름은 흩어졌고 여자는
첨탑 위의 시계처럼 늙어갔네

눈을 감았다 뜨면
사과밭의 사과는 익어가고

전선 위
참새는 떨고

노래를 잊은 기타 줄은 흔들리고
노래는 의자에서 미끄러지고

사과가 익어가는 마을에는

은하수가 내리고

사랑 같은 거 하지 말고 당신한테 가지 말고
그냥 살까 하다가도
나는 나를 낳고

누는 누를 낳고

토마토

기도하는 사람들과 침 흘리는 사람들과
식사하고 노래하고
산책하며
색색의 알약을 삼키며

방울토마토 화분에 물을 줘요 시간을 지키고
간극을 좁히면
토마토는 없는 세계를 선물해 주겠죠
혼자는 싫어요,

기쁨만큼 자란 토마토를
아이의 입속으로 밀어 넣어줄까요 아이는 토마토가 되고 싶죠
수학 잘하는
토마토 의사가 되고 싶죠

사랑한다고 말하고 싶죠 엄마를 이해하고 싶죠
살다 보면

저절로 알게 되는 것들이 있어요 아픈
자궁처럼

한 고통으로 한 고통을 지워요
베개를 끌어안고 웃고 있어요 죽지 않는
알약을 삼키고 있어요

박수를 주세요

스피카

울고 있는 고양이를 보았다 첫
눈처럼
깨끗한 혀의 느낌이 좋았다

천장이 낮은 집에는 별이 들어와 살았다
가끔 쥐가 들어와 살기도 했지만
싱크대 아래 덫을 놓으면 밤새 작은 발이 대롱대롱 눈

꽃 지는 밤에는 자전거를 타고 사막으로 갔다
사막 한가운데 텐트를 치면
전갈과 파도

어느 날 고양이는 꼬리에 확성기를 달고 왔다
귓속말은 늘 그랬다 티가 났다

나쁜 꿈에 시달렸다
여름 숲의 전령이 왔다, 너를 죽이고 싶어

키스가 되지 않았다
주고 싶은 것만 주고 다 주었다 말했다

연필의 태도

연필 깎는 자세는 꼿꼿하죠
햇살 좋은 창가에 앉아 연필을 깎아요
사각사각 햇살을 깎다 보면
마음이 생기고

마음을 깎다 보면 빙긋
웃음이 나고

연필 깎는 자세는
나무밥이 켜켜이 쌓이는 경험이죠

거꾸로 매달리는 철봉처럼
왔다 갔다
왔다 갔다

음악이 경계를 넘나들어요 세상을 향해 조곤조곤
말을 건네는
연필의 태도가 마음에 들어요

너무 뾰족하지는 않게
너무 뭉툭하지는 않게

햇살 좋은 봄날은 온종일 고개 수그리고 글씨만 쓰고 싶죠
필경사의 수염이 되기도 하고
호흡이 가지런한 문장이 되기도 해요

창살

볼이 홀쭉한
담배를 깊게 들이마셨을 것 같은
좀처럼 연기는 뱉지 않았을 것 같은
깡마른 그녀는
병동에서 11년을 살았다 하고
당신이 그렇게 먼 데 있나 싶어 덜컥 겁이 나기도 하고
마치 그럴 것만 같아

나는 꿈같은 것 꾸지 말고
당신한테 가지 말고
그냥 살까 하다가도

밤은 깊어 가고
캄캄한

이 시대의 사랑*은 나를 가두고

---

* 최승자.

모자이크

완전한 것은 없습니다
처음은 변하기도 했습니다

미용실에 가서
브릿지를 넣고

주말엔 통영에 나무를 사러 가야겠습니다
다정한 정원을 꾸미고
앞치마를 입으면

봄빛에 반짝이는
항구는 무척이나 분주해서 내일을 잊게 합니다

갈매기에게 새우깡을 던져주는 사람들이 있습니다
낚아채기도 하고
놓치기도 하는

오늘은 조금 들떠 보입니다

이재

우리는 밥상머리에서 핑퐁을 해요
오늘은 파마를 했어요 당신은 나를 이재라고 불러요

나는 매일 사라져요 검은
물이 떨어지는 맨발로 서 있는 사람을 생각해요

달빛 환한 밤이면 자두나무 가지에 그네를 걸어요 왔다, 갔다,
왔다 갔다
휘파람 소리가 들려요 숲속에서

나는 나를 사랑하지 않아요
읽어야 할 책들이 서고에 가득해요 문득 처음을 발견한다면 좋겠어요 우리가
처음 만났을 때의 핏빛 방이라든가
사다리를 타고

사라지는 것이 있다는 것을

그때는 몰랐어요

공룡의 배에 귀를 대면 규칙적인
숨소리가 들려요
심장이 뛰어요 잊지 말아요
두려워 말아요

우리가 하나였을 때

캘리포니아 학교

책대로 하면 되는 줄 알았다 아이는

같은 체육복을 입고 같은 구호에 맞춰
같은 관절을 만들면

어떤 기억은 평생 남았다
어디에도 없었다
수치심은 이로운가요?

실습 시간에 박음질을 하다 교실 바닥에 오줌을 쌌다
백한 개의 눈알이 일제히

월경이 되면 비좁은 오두막에 앉아 종일 해가 지기만을 기다린다는 어떤 나라의 소녀처럼

지는 해를 보았다 기지국을 잃은 고래처럼
어디에도 도착하지 못한

플라스틱 의자에 앉아 유일하게
사이다에 빨대를 꽂고
오후의 해변을 달리겠다고 했다 잃어버린
눈알을 찾겠다고 했다

트럭이 지나갔다 잠시 후
트럭 한 대가 또 지나갔다 기포 방울이 두근거렸다

페스츄리

그을린 불의 문양이 검은 파도 같다

무슨 이야기를 했을까 너는
잠이 들었을까
우리는 혼자 시간을 보내는 사이

한 겹을 벗기면 또 한 겹이 있는 동네를
천천히 산책하며

어젯밤 이야기를 생각하는 중이야
너의 태도에 대해
물고기자리에 대해

제 사는 동네를 천천히 걷는 건 오래 궁리하기에 좋아

그렇다고 해서 다 괜찮은 건 아냐
괜찮은 척하는 거지

파도의 자세 같은 물방울무늬 같은
오후 네 시

브레이크타임이 끝나는 시간 같은

이야기와 이야기와
이야기가 자박자박

돌아가는 중이야 집으로 돌아가는 중이야

묘비명

꽃이 죽든
내가 죽든

차마 눈감지 못할 노래 하나씩은 있었을 터

1000℃의 불기둥이 머리꼭대기로 뻗쳤다가
식어든다
얼음 파편처럼
묘지처럼

죄짓고 살 수 있다면,
하얀 꽃

부질없어라

버릴 자유도 없다

풍장

머리를 잘라야겠다

심장은 도려내어
까슬까슬 바람에 내어 말려야겠다

그가 기어이 아내를 잃었다 한다
즐거움도 없이
오늘은 월요일이고
가을 초입이고
하늘은 맑고
바람은 미치게 선선하다

참 잘도 붙겠다, 불은
불온하게

생각도 없이

사과나무 숲

뭐 어쩌겠어요

우회전해서 들어가야 했어요 잠시 한눈파는 사이 길을 잃은 곳에서 거짓말처럼 사과나무 숲을 만났어요
해변에서 조개껍데기를 줍고 맨발로 춤을 췄던 것처럼

나를 들뜨게 했으며 안도의 숨을 내쉬게 했어요

친구를 보았어요 친구는 돌아앉아 무언가를 먹고 있어요 돌아앉아 누군가와 입술을 나누고 있어요
한입에 한 덩이

통째로 삼키는 재미가 있어요 한입 가득 밀어 넣으면
달콤하게 채워지는

입술에 묻어 있는 것이 좋아요 감춰지지 않는 것이 좋아요 감추려고 노력하는 것이 좋아요
서로의 중심을 당기며

조금 더 가까이

사과나무 숲에선 춤추는 발레리나가 되고 싶어요

가좌동

밥값 잘 내던 정원이도
영수도 미연이도

색에 대해 말하지 않는다

구름에 대해 말하지 않는다 아무도
장미를 말하지 않는다
농대(農大) 뒤편 미네르바 동산
기차는 달리고

회사 대표도 공무원도
자영업자도

자유시장 좌판 위의 고등어도
별을 떠나와

사랑을 잃고 우우우

우우우

우는 행성처럼

사월

녹아내린 시간은
별이 될까 하얀 식탁보를 꺼내고
허리를 꼿꼿이 편 다음
무엇을 할까 혼자 사는 사람은
저녁별 하나쯤 사라진다 해도
고개 들어 하늘을 보면 보일까
그 별 다시 태어난다 해도
다리 위로 바람이 지난다 해도 다리를 지나
네가 내게 돌아온다 해도
나는 저녁을 짓겠네
나는 저녁을 짓겠네
사소하게
사소하게
소소하게

식탁 위에 꽃을 두겠네

남극

남극에서 홀로 썰매를 끌면 미쳤다고도 하겠지만
미친 것도 같지만

하얀 늑대와

눈을 뜨는 아침이면

물거품처럼 나는 자꾸 말을

하와이 서핑족 중에는
보드에 이를 부딪쳐 앞니가 없거나
상어에 물려 팔과
다리 한 쪽이 없는 사람들이 있어요

나는 승마를 해요 달리는
말에서 떨어지기도 해요 살아 있으니까요
살아 있다는 것은

나의 실수일 수도 있고
너의 부주의일 수도 있어요

갑자기 날뛰거나 뚝
멈춰버리거나

멈출 수 없어요 나를 살게 하니까
나를 안아주니까

맑아서 슬픈 것들
물의 눈을 보세요

자꾸 말을 걸게 돼요
슬퍼요 슬퍼서 나는 물거품처럼 자꾸 말을

그림자 일기

태양 아래 가만히 앉아 있어야 합니다
그림자를 밟힌 사람은

아프니까요 아이는

운동장 한가운데 쪼그려 앉아서
까맣게 타버려요

태양은 시한폭탄!

움직이면 안 돼!

지루하게
계속되다가

지독하게 이어지다가

정말 몰라서 그러는 건가요?

하고 싶은 말을 어떻게 참느냐고요?

알잖아요 태양은 가족이 없어요

솟대

새를 만지고 있었다
마음을 들여
불을 쬐면 모양이 되었다, 날 수 없는
새가 날았다
검은 대나무 끝에 앉아
하늘을 올려다보는
새가 있다

장마

설거지는 하다 말고
다큐멘터리는 보다 말고

7월의 탄생석을 생각하다
웃기도 하고
그저 그러다 말고

뾰족한 돌부리에
로프를 걸면

전부이거나
보잘것없거나,

이 비는 끝이 날까요?

울지 않고도
밥을 먹을 수 있네

백야

상처에서 하얀 귀신들이 걸어 나왔다
얼굴이 얼굴 위로 겹쳐졌다

제2부

달맞이꽃

수줍게 몸이 열리는 것에 대하여
꽃은 피고 소리 없이 지는 것에 대하여
벼락처럼 오는 것에 대하여
죽어야 사는 것에 대하여
한 번쯤 그대가 생각하는 것에 대하여
시간이 남아 있다면 아직
의미가 있다면
거기쯤 있는 것에 대하여
노란 달무리에 대하여
바낙까지 긁어대던 구역질에 대하여
청춘에 대하여
이 밤이 다하도록 끝나지 않는
무용한 우리들의 이야기에 대하여
달의 온도에 대하여
넘치는 술잔에 대하여
비루에 대하여

평범하게 육교

육교를 건너는데
눈물이
상관없다고 했지만 그럴 필요 없다고 했지만
각각의 등짐이 다르다고도 했지만

편집 학원엘 갔어 사회면 기사를 붙였다가
떼었다가
떼었다가 붙였다가

새를 키우다가
새와
빵을 나누어 먹다가

새의 유골을 화분에 두기로 했어
창문이 없어도

취재하고 야근하고
편집하고 취재하고 야근하고

편집하고

갓 나온 종이 냄새를 맡으며

채식하고
채식하며
(동물성을 다 지워버리고)
기도하고
기도하며

평범하게 육교 위로
바람이 지나도

코스모스

몸을 가지러 간다고 했지

꽃잎을 타고서

깜깜한 생각 너머

꺾이지 않아요 흔들릴 뿐이에요

사랑도 꿈도 가져보지 못한 것이 내 인생이죠

항상, 이라는 말 참 좋죠

별이 빛나고 있어요 세상 끝 절벽에서

다정한 말을 해주세요 괜찮아요 존경은

거친 손에 할게요

모메꽃

당신도 나도 참
애썼어요 누구의 잘못도 아니었어요

물 아래 옛집을 지나, 잠들지 않는 꽃이 있어요

내동 지나 완사 지나
내동 지나 완사 지나

머리끝까지 이불 뒤집어쓰고
혼자는 무서워요, 아빠가 필요해요 내 심장은 너무 약해요
그러면 당신은 뭐라고 답하실까요?

어린 내가 있어요

당신이 좋아하던

사랑을 말하지 못했어요 아직도
눈물을 말하지 못했어요

침낭에 누워보기

머리끝까지 지퍼를 올려본다
크리스마스트리와
따뜻한 불빛

벽난로 앞 페르시안 고양이는 졸고 있고

사랑으로 충만한 사람들은 다정한 식사와
조용한 가십을 나누고
네 잘못이 아니야
편의점, 주유소를 전전하며 뾰족한
못을 다듬으며
오지 않는 산타를 기다리며

착한 머리를 장착하고
영혼은 어쩌나요

어떤 색을 입힐까
어떤 이름을 줄까

다그치지 말아요 발톱이
자라고 있어요

그 길 끝에 무엇이 있을지 예측할 수 없지만 때로는
사자와 직면하기도 하겠지만

나만의 동굴 속으로 몸을 누이면
아이를 낳을 수 있을까요

혼자 누운 사람은?

숨바꼭질하는 별을 보았니?

빛이 쏟아지는 작은 창문으로 어디까지 갈 수 있을까

조금 두렵고 조금 두근거리는

까만 밤에

별 하나 별 둘 너의 머릿결 너의 숨결

사다리는 필요 없어

사막이면 좋겠어

사막에, 사막에, 모래가 따뜻한 사막에, 별을 보고 누웠으면 좋겠어

시인

피 주머니를 차고 엉거주춤 병상에 누워
대리운전이라도 해야겠다, 했다

자기나무

색채심리시간이었다
자기나무를 그려보라고 했다 나는 크고 둥근 나무를 그렸다
포근하게 안아주는 나무가 좋았다

선생님은 내게 가지도 그려보라고 했다 조금 뾰족해져도 괜찮다고 했다

나는 그동안 나무의 전체 모양만 보고
가지가 어떻게 나무를 이루는지
선명해지는지

신경 쓰지 않았던 모양이다 쉽게 그려지지 않았다
사람에게도 그랬다,

나무를 다시 보았다 가지가
뭉툭하게
때로는 날카롭게

하늘을 향해 있는 모양을 유심히 보았다, 그래
가지를 세워
잎을 피워

틀렸다고 말할 수 있는 사람이 되자

아무 일 일어나지 않는다고
그래도 괜찮다고
말해주는 나무가 있어 머리에 화관을 썼다

개양벚꽃

화장이 열어져 가요, 책장에 꽂힌 명작처럼
마스카라를 지우고
속눈썹을 지우고

언니는, 기차에 뛰어들어요

아무것도 아닌
그러나 전부일 수도 있을
이곳 날씨는

언니를 구원하지 못해요 꽃이, 져요
백만 개의 리본을 매달고

무정한
기차는 달려가요

봄날

돼지를 가득 싣고 가는 트럭을 본다 하필이면,

만개한 벚꽃 같다
저 분홍 살들이

뜨거운 불판 위에서 꽃 피고 꽃 지고
꽃 지고 꽃 피고

라디오에서 정훈희의 노래가 흘러나온다
그 사람은 어디에 갔을까,
그 돼지는 어디에 갔을까 아아아아아아아아아아

거미줄에 걸린 (번데기)처럼
목구멍에 걸린 살코기처럼

지족

멋대로 세워진 오토바이가 마음에 들었다
책방 가는 길에

반짝이는 중국집 철가방이 마음에 들었다
철가방에 붙은 노란 스티커가 마음에 들었다

거기 수레국화 피었나요?
다정하고도 쓸쓸한

질문을 갖고 싶었다, 그런 건
없는 줄 알지만

알고 싶었다 이유에 대해
피고 지는
꽃들의 의식에 대해

서울 말씨를 쓰는 책방 주인은
의자 옮기는 놀이를 좋아하고

자장면은 문을 닫았고

유리반지를 나누어 끼었다, 기념으로

수요일의 다큐

아무것도 할 수 없다고 하더라도
싫은 사람과 밥을 먹으면 곧잘 체하곤 했다

아이는 뜨거운 태양과 씨름하며 종일 밭을 갈고
동생이 있어 산다고 했다, 이제
둘뿐이라고 했다

교실

버둥거리는 말벌을 빗자루로 내리쳤다 쉽게 죽지 않는 그것에 세정제를 무한 발사했다 아이들을 대신해 죄를 범한 것이었고, 행여나 그것이 우리에게 해를 끼칠지 모른다는 두려움 때문이었다

젠장, 입꼬리는 웃고 눈은 떨고 있다

푸에르토 라피세스*

끝까지 걸어가 보면 안다네
기다란 앞치마를 두른 처녀가 기념품을 팔고
흰 수염의 기사 돈키호테는
두 눈을 부릅뜨고 성을 지키네
지키는 일은 거룩한 일
나라를 지키고 이웃을 지키고
가족을 지키고
어머니는 작은 시골 마을 정경이
경남 의령 같다 하고
낯선 곳에서 만나는 친밀
길에도 있고 담벼락에도 있고
종탑에도 있는
큰아들 진은 마을 끝까지 걸어갔다 생각에 잠겨 돌아오네
시인 같기도 하고 철학자 같기도 하고
중세 영주 같기도 하네
오후의 종소리
비둘기 머리 위로 댕, 댕, 댕
부디 평안에 들 수 있기를 라만차 평원에서

내가 그랬던 것처럼

어쩌면 우리 다시 볼 수 있을까요?

---

*스페인의 작은 마을.

첫눈

사랑을 믿지 못하는 나는 오래 망설였으나

바다로 쏟아지는 외길처럼
바다에 내리는 꽃잎처럼

속눈썹을 다 적실 때까지
꼼짝하지 않고 서서

사라지는 것과
좀처럼 오지 않는 것에 대해 생각했다

처마가 낮은 민박집 마당에서

나는 노란 냄비에 물을 받아 쌀을 씻었다 쌀만 씻었다
다음엔 뭘 해야 할까,

처음이었다

벽조목

지울 수 없는 사랑을 하고도
사랑은 간간이 웃기도 했다
그가 떠나던 날에도 나는 밥숟갈을 움켜쥐었다
바다를 떠나온 고래 같아,
나무에 바다를 새기고도
나는 웃었다

단 한 번의 사랑으로
말라 죽는 나무처럼 한자리에 붙박여 풍경이 되던 나는

나를,

……잊었다

스페인광장

비 내리는 노천카페에 앉아 나는 에스프레소
엄마는 밀크티를 마셔요
청동의 몸을 휘감아 오르는 녹(綠)은 눈물 같아요

네모난 광장이
신문을 펼쳐요

풀리지 않는 푸른
잎 잎 잎

생일 축하해요,
조그맣고 가느다란 손가락에 불을 붙여요
파티는 위험하지만

불꽃은 짧고 향은 오래 가요

머리맡에 칼을 두면 악몽을 꾸지 않는다죠
불타는 방, 왜 내 꿈속에는

불이 나는 걸까요
불이 나는 걸까요

무엇이든 해야 해요 엄마를 잘라내고
십자가를 잘라내고
식빵을 훔쳐 구구구

회색 비둘기 비에 젖어요 엄마는
가요를 불러요 파편처럼

눈물은 흐르고 나면 그뿐, 돌아오지 않아요

와디

작은 발에 링거를 매단
고작 백일 된 아가를 안고 어쩔 줄 몰라
퉁퉁 불은 엄마의 젖은 하수구를 타고 흘렀다

울음을 꺼내 안아주고 싶었다

식지 않는 모래의 시간을 걷는 낙타가 있다
낙타의 눈썹은 자주 떨렸고
새끼의 발은 까맸다

눈물은 젖처럼
희다

라디오

너는 등 뒤에서 나를
가만히
쓸어안고

바닥까지 게워내던 시절 그때는
그러니까 지지직
지지직

주파수를 못 맞추던
네가 있었다

통영

잠자리 눈을 덧대고서 나는
나를 만지겠네
천사가 될까, 무슨
코스모스나 되어
적당히 바람 부는 언덕배기
나무집 하나 얻어
선풍기는 나른하게 돌고
헐렁한 속옷 차림의 애인과 내가
늦여름 한나절
살림을 차려도 좋겠네

제3부

밀양

비밀을 보아버린 사람들이 있다 좁은 길에서
한 줄기 빛을 본 사람들이 있다

집으로 돌아가는 골목마다
숨을 잘 쉴 줄 아는 사람들이 있다

애써 무엇을 더 갖지 않아도
배경처럼 친절해서

누각을 오르는 신발들이 가지런하다
단청을 하지 않은 얼굴들이 있다

경사로

하필 거기서 발을 접질릴 일은 아니었다고 했다
매일 걸어서 다니던 길이었다고

아는 길이었다고
아는 사람이 더 무섭다고

나도 모르게 여기저기
언제 다쳤는지 기억도 나지 않는데
수없이 내치던 당신의 등이 떠올랐다

어디로 쏟아져야 하는 걸까 나는
결정을 미루는 사이 발목은 사라지고

택시를 불렀다
누구도 생각나지 않아서

마음을 놓아도 되는 사람을 갖고 싶다고 했다
그런 건 없는 줄 알지만

네가 좋아하는 섬세한 각도
15도 경사가
나는 공포라 했다

구례

사람이 있어야 하죠 왁자하거나
홀로이거나
때로는 셋이거나,
사람이 없는 풍경은
기대어 서고 앉아도 보고 말을 걸면
의미가 생기죠
주인이 내어놓은 쪽마루에 앉아
숨을 쉬었다 갑니다 숨을 참았다 갑니다 여기까지 무척이나 힘들었다고
이제는 되었다고,
제라늄 화분에 정갈하게도
빨간 꽃이 피었군요
이 집에는 잃어버린 친구가 살고
나는 열리지 않는 문고리를 잡고 주저리주저리
다시 열어도 보고,
말을 걸면 화분이 되죠
풍경이 되죠

안동

— 권정생 생가에서

빨간 양철지붕 허물어져 가는 뒷간
계량기는 돌고 사람은 없고
사람은 없는데
전화는 되고

이 전화는 누가 받나

갈라진 흙벽 작은 나무 창문
그 아래 칸나꽃
기러기는 북쪽으로 날고
작고 여리고

아픈 것에 머무는 마음
키 큰 나무에 기대어 물끄러미
나를 보는
보다가는 마는

종이 이름표가 환한 집

훌륭한 식사

커다랗고 누런 황태 한 마리를 물었다
개가 황태를 물었는지 황태가
개를 끌고 가는지

미련도 없이
미동도 없이

해가 지고 있었다
묵직한 손이 검은 너울을 끌고 가고 있었다

방파제 앞 편의점에서
혼자 먹는
라면은 쉬웠다

밀려오고
밀려가고

뜨거운 국물에 계란을 터뜨리면

살아 있으면

개펄에 내려앉은 주황처럼
경계도 없이
준비도 없이
저녁이 몰려왔다

조차(潮差)

이윽고 달이 떠오르고 숲이 일렁였다 하얀 늑대는 마을로 향했다 사람들 속에 우리가 있다 한 발 더 내딛는다는 것
높이 날았으나

너는 야구를 좋아하는 걸까 야구공을 좋아하는 걸까

무동

어깨 위의 세상을 보여주셨다

대평(大坪) 큰집 제사에 갔을 때
새벽녘 오줌 누러 나올 때면 나를 따라오곤 하던
대밭 귀신같은 것

하나도 무섭지 않았다,
새벽별이 반짝이고 있었다

아빠와 있으면

독립영화

어떤 울음은 짧고 어떤 울음은 길어서
마른 옥수수 낱알에 불을 붙이고
폭죽을 쐈다

영화를 보고 저녁을 먹고
서로의
안부를 묻다가

차가운 공기
검은 별
코끝을 스치는 머리카락
냄새

울음에게 꽃을 바쳤다, 울음은 늘 웃으며 꽃을 받았다

웃는 것이 우는 것 같은
리본 장식 하얀
면장갑

손톱이 잘려나갔다,

울다가 웃다가

집시

사자를 보고
사막에 누워 있는 여자를 보고
눈물이 났다
(알 수 없는 일)
쏟아질 것 같은 하늘과
동그란 달빛 때문에
사막의 전갈이 나를 쏜다 해도
(이것은 슬픔이 아니다)
여자 곁에는 만돌린 손에는 지팡이
여자는 그을렸고
까만 맨발로 잠이 든 여자
냄새를 맡는 사자는 마치
여자를 구원하는 전사인 것만 같고
여자는 꿈결인 듯 미소를 짓고

어디까지든 가는 것이다 집시는, 달빛 때문에

---

*앙리 루소, 〈잠자는 집시〉.

무밥

아버지는 무밥을 좋아하셨다
어머니는 흰 쌀을 안치시고
여섯 식구는 밥상에 둘러앉아
쪽파 송송 달래 송송
갖은 맛 더한 양념장을 둘러
입이 미어지도록 먹었다

부탄의 어떤 노인처럼
때가 되면 나는
생쌀 조금 지고 무 두어 덩이 지고 산으로 들어가
먹고 싶은 것만 먹고
입고 싶은 것만 입고

국경의 밤

허리통이 굵은 여자들은 팔월이면 고향에 모였다
빈집의 거미줄을 걷어내고
첫째 여자는 말이 많았다, 남편과 아들 둘을 말로 세웠다 둘째 여자는 전남편과 재회했고, 강아지 모모와 살았다 셋째 여자는 왼쪽 젖가슴을 잘라내고
알바천국에서
밤낮없이

마른 가지를 분질러 불을 지피며 "지금이 가장 좋다"고 했다
결코 돌아가고 싶지 않다고 했다

대추나무 아래 가마솥에는 미꾸라지와 얼갈이배추와
수십 년 된 씨된장과 사모곡

국경선은 모르는 일이었다
국경에는 국경 수비대가 있었고
잔 다르크도 좋고 시골 아낙도 좋았다
아는 사내였으면

숯불에 고등어를 구워주는

대추나무 밑이 우르릉 쾅쾅!

몽골(夢骨)

시신을 달구지에 실어 보낸다네 이곳에서는
고향을 떠나 고향으로 간다네

햇볕에 씻기고 적막에 삭고
우유 같은 흰 뼈로
날아간다네

누군가가 죽어도 밥 짓는 연기 사이로 간간이 마부들의 노랫소리 들리네

양젖을 짜는 소녀의 뺨은 붉고, 벗은
아이들의 아랫도리는 튼실하고

하늘은 빠르게 흐르고

타르초
한없이 펄럭이는
타르초

종이집

접었다 폈다 해요

울타리를 치고 바닥엔
신문 그 위에는 담요 담요 위에서
귤을 까면 더 달아요

엄마는 보일러 수리공과 눈이 맞아 집을 나갔고
아빠는 나를 버려두었죠
고양이와 생쥐와
술래잡기하는 크리스마스

누구와도 오래 살지 못했어요 상한 고구마처럼
닿지 않는 구석을 만들어

그립고 살고 싶어져요,

구세군 냄비에는 흰 눈이 쌓이고요
고요한 밤 거룩한 밤

남성동(南城洞)

못에 걸어둔 옷가지에서
소매와 목둘레
소, 돼지, 뱀 같은 짐승의 형상을 한 혼들이 빠져나오는 꿈을 자주 꿨다

까무러치는 나를 업고
엄마는
서장대 아래 무당집으로 달려갔다

의족인 주인아저씨가 없는 다리를 들어 나를 울렸다
엘레지의 여왕 이미자는 동백 아가씨를 불렀다

아버지는 오토바이로 식구들을 태우고 다니기 좋아하셨다 돌부리에 걸려 넘어질 때도 있었다
어머니는 막내를 낳으셨다, 막내는
아팠고

월부장사를 해서 재미를 보셨던 신성일 닮은 아버지는

그러나 마흔을 넘기며
심장병을 앓으셨다

무당집을 다녀온 이후로 경기(驚氣)는 하지 않았다

집으로 가는 길

오싹한 밤이고요 집으로 가는 길은 아직 조금 남았고요 나는 운전대를 거머쥐고 벌벌 비상등을 깜빡깜빡 빨간 불빛은 짐승의 눈을 하고요 심장은 펌프질을 하고요 고요고요 나는 흐물흐물 웃고요 희열을 느끼고요 다독다독 잠이라도 실컷 잤으면 잠이라도 실컷, 발버둥 칠수록 깊이 빠져드는 안개, 안개, 이대로 죽었으면 싶고요 사는 일이 참 그렇고 그렇고요

따뜻한 스프 한 그릇이면

녹아내릴까요 스르르 잠이 들까요
달콤살큼
그렇고말고요

사진의 힘

오래된 사진 속에는 사람이 있다
사진을 들여다보면 사라진 사람들이 말을 걸어온다
한 번도 보지 못한 옛사람들이
꽹과리를 치고 뿔피리를 분다

시어머니는 둘째 형님의 손을 잡고 함박웃음을 웃고 계시고, 작은아들 호와 조카 구는 여섯 살 위인 큰형 진을 우러러 바라보고 있다
무슨 재미난 모의라도 작당 중인 듯

오래된 것들은 힘이 셌다 어머니는 정정하셨고 아이들은 걱정이 없었다
가족의 첫 자동차 삼십 년 된 가죽장갑
나의 사람들 나의 행복들

꼬물거리는 손을 잡고
채송화 꽃밭을 돌보며 예쁜 동화 읽어줄 날을 기다리고 있다

오타루

외로우냐 물었고, 나는
늘 행복한 건 아니라고 답했어

노래가 끝나도 끝나지 않는
발레리나의 구두

뿌연 김 사이로 언뜻언뜻 보이는
너의 왼편

손 내밀면 사라지는 십이월
눈 덮인 거리에 스미는 오르골

꽃다발

상처 입은 입술로

술을 마시고 목이 터져라 노래를 불렀다
내 삶은 자간이 맞지 않는다고 했다

애인은 추리닝에 발을 밀어 넣으며 라면 먹으러 가자 했다, 라면 먹고
가라 했다

어떤 얼굴로 먹는 걸까, 라면은

산악열차의 톱니와
장미의 가시와
애인의 가르마를 보다가

아침에 들고 나간 우산을 두고 왔다

매물도

자꾸만 단절되는 울음 우는 까만 염소
느리게 타는 낡은 그네

무덤 하나 짓고서
당신과
하루를 살았다

동백 옆에 나란히 누우면
잠이 참 붉고
달았다

해설

훌륭하게 고통을 받아들이는 방법

장예원(문학평론가)

"바보 비슷한 아이를 낳았으면 해요.
고뇌가 무엇인지 모르고 그저 영화나 보고 좋아하고
당구나 치고 만족할 수 있고 야구 구경이나 하며 시간을 보내고도
후회하지 않는 아주 속물로 만들고 싶어요"
—김승옥의 「환상 수첩」 중에서

1. 꿈같은 거 꾸지 말고 당신한테 가지 말고 그냥 살까 하다가도

예술가들이 예술을 놓지 못하는 이유는 무엇일까? 더욱이 대중을 사로잡는 호소력이건 작품성이건 인정받는 어떤 지점을 통과하기엔 딱 한 방울이 모자란 재능임을 알면서도 말이다. 그것을 붙잡고 인생의 후반부를 향해가는 예술가들의 피로에 공감하지 않을 수 없는데, 예술가가 아니더라도 우리 대

부분은 인생이라는 길 위에서 비슷한 처지에 있기 때문이다. 앞에는 막다른 길이 보이는데, 뒤를 돌아보면 지친 다리로 돌아가기엔 너무 멀리 와버렸음을 깨달았을 때의 막막함. 이런 순간에는 인간이 돌멩이나 동물들과 다르게 '세계를 소유한' 존재라는 하이데거의 명제를 부정하고 싶어진다. 한 소설의 구절처럼 고뇌가 무엇인지 모르고 바보 비슷하게 별일 없이 사는 삶도 괜찮지 않을까. 과연 인간은 신을 닮은 창조자로서 그의 손으로 세계를 변화시킬 수 있는 존재일까? 이 자리에서 새로울 것도 없는 인간의 창조성을 새삼 언급하며 자문하는 이유는 창조에 대한 욕구가 있는 인간이 겪는 고달픔을 말하기 위함이다. 그들은 지금의 현실에 만족하지 못하는 자이며 반복되는 일상에 지치는 자이며 이 때문에 우울한 자이다. 이들은 가끔은 당구나 치며 야구 구경을 하며 임시방편의 만족을 구하기도 하지만 내면 한구석의 "이것은 내가 찾는 그것이 아니야." 하는 속삭임을 외면하지 못한다. 만족하지 못하는 순간들에 맞닥뜨려야 하는 불안감과 우울함을 동력으로 만족을 찾아 어디로든 떠나야 하는데 그 떠남을 드러내는 어휘들이 바로 예술(문학), 꿈, 사랑 등이다. 어찌 보면 창조란 스스로를 이방인의 자리로 끊임없이 내몰아 진정으로 만족할 수 있는 안식처를 기어이 찾고야 말겠다는 집념의 다른 이름이기도 하다. 이 행위는 세상의 속됨을 벗어날 수 있는 일종의 자유를 의미하지만 동시에 고통을 짊어지고 자발적 고독 속으로 침잠하는 것이기에 부담스럽고 겁이 나는 일이다.

아마도 주향숙 시인 역시 이러한 딜레마를 경험했을 것이다. 아래 인용한 「사과는 사과를」과 「창살」은 별개의 시로 보이나 서로 연동되어 있다. "꿈같은 거 꾸지 말고 당신한테 가지 말고/그냥 살까 하다가도", 그냥 사는 삶이란 "여자는 아이를 낳고 사과는 사과를 낳고/누는 누를 낳"는 자기 반복의 연속일뿐더러 시간의 흐름에 몸을 맡겨 "첨탑 위의 시계처럼 늙어"가는 것이다. 이러한 삶은 표면적으로는 "사과가 익어가는 마을"에 "은하수가 내리"는 평화로운 모습이지만 한편으로는 '꿈과 열정'에서 멀어지는 침울한 일상일 수도 있다. 그러므로 누군가는 "전선 위/참새는 떨고//노래를 잊은 기타 줄은 흔들리고/노래는 의자에서 미끄러지"는 불안정한 생의 이면을 자각하고 중요하지만 무시되어온 방향으로 자신의 삶을 밀어붙이는 모험을 감행한다.

꿈같은 거 꾸지 말고 당신한테 가지 말고
그냥 살까 하다가도
여자는 아이를 낳고 사과는 사과를 낳고
누는 누를 낳고

아이를 낳는 동안 구름은 흩어졌고 여자는
첨탑 위의 시계처럼 늙어갔네

눈을 감았다 뜨면
사과밭의 사과는 익어가고

전선 위
참새는 떨고

노래를 잊은 기타 줄은 흔들리고
노래는 의자에서 미끄러지고

사과가 익어가는 마을에는
은하수가 내리고

사랑 같은 거 하지 말고 당신한테 가지 말고
그냥 살까 하다가도
나는 나를 낳고

누는 누를 낳고

—「사과는 사과를」 전문

볼이 홀쭉한
담배를 깊게 들이마셨을 것 같은
좀처럼 연기는 뱉지 않았을 것 같은

깡마른 그녀는
병동에서 11년을 살았다 하고
당신이 그렇게 먼 데 있나 싶어 덜컥 겁이 나기도 하고
마치 그럴 것만 같아

나는 꿈같은 것 꾸지 말고
당신한테 가지 말고
그냥 살까 하다가도

밤은 깊어 가고
캄캄한

이 시대의 사랑은 나를 가두고

—「장살」 전문

그러나 이러한 자각이 곧바로 지루한 현실을 떠날 용기로 발현되기는 쉽지 않다. 최승자 시인을 소재로 한 시 「창살」에서 보이듯 시집 『이 시대의 사랑』을 집필한 그녀는 깡마른 모습으로 병동에서의 11년을 감수해야 할 정도의 침울함에 시달렸기 때문이다. 이렇듯 창조에 대한 웬만한 절박함이 아니고서는 시간의 흐름에 몸을 내맡기며 흘러가는 일상을 초월하기는 어려울 수 있다. 그러므로 주향숙 시인은 내가 그토록

갈망하는 당신은 "그렇게 먼 데 있나 싶어 덜컥 겁이" 난다고 고백하고 다시 한번 "나는 꿈같은 것 꾸지 말고/당신한테 가지 말고/그냥 살까 하다가도"라고 읊조린다. 그녀 역시 새롭고 독자적인 세계가 있는 시를 쓰고자 하는 욕망에 시달릴 것이고 만족할 만한 시가 쓰이지 않을 때마다 또다시 책상 앞에 앉을 것이다. 이 행위를 반복하는 동안 고독한 작업에 대한 부담으로 한없이 가라앉는 기분에 사로잡힐지도 모른다. 그러므로 "밤은 깊어 가고/캄캄한", 그리고 시집 "이 시대의 사랑"이라는 어휘는 창조의 욕망이 있는 자들이 필연적으로 짊어져야 할 천형의 구체적인 이미지이고 이는 자발적으로 만들어 갇힌 '창살'과 다름이 없다. 하지만 창조라는 명목으로 필연적이라 여기는 '창살'도 어느 순간 본래의 기원을 망각한 채 창살을 위한 창살에 갇혀 있는 건 아닌지 점검해 볼 필요가 있다. 언제까지나 "경계에서 외줄을"(「시인의 말」) 탈 수는 없는 노릇이기 때문이다.

우리는 각자만의 방식으로 스스로 봉인된 세계에 산다. 문학도 예외는 아니다. 좀 더 '문학적인 것', 좀 더 '시적인 것'이라는 틀에 스스로를 가두고 자기 세계를 창조한다는 자부심으로 정작 나 자신과 주변의 평범한 것들을 둘러보는 데에는 소홀하지 않았을까? 이러한 딜레마는 시집 제목 『너는 야구를 좋아하는 걸까 야구공을 좋아하는 걸까』에서도 짐작해 볼 수 있다. 시인은 야구공은 야구를 이루는 요소 중 하나일 뿐이므로 본질적으로 야구라는 '경험'을 좋아하는 건지, 야구공이 없으면 야구도 없고, 야구가 없으면 야구공도 의미가 없으니 둘 다 좋아하는 건지, 혹은 처음엔 경기의 흐름, 전략, 선수들의 플레이를 즐기는 야구라는 스포츠를 좋아했지만 나중엔 야구공에 집착하게 된 건 아닌지 우리에게 질문을 던진다.

한편『너는 야구를 좋아하는 걸까 야구공을 좋아하는 걸까』는 어린 시절의 경험들에서 가족, 이웃 그리고 현재에 이르기까지의 여러 가지 기억은 물론 사막, 별, 숲, 태양, 사자, 새 등의 시적 이미지를 시의 원재료로 활용하고 있다. 그러나 이러한 기억의 이면과 개성 있는 시적 이미지의 차용을 넘어서서 그녀의 시는 좀 더 근원적인 갈망과 막연한 노스탤지어의 정서가 느껴진다. 이는 앞서 말한 시적 창조로서의 욕망과도 밀접한 관련이 있고 잃어버린 게 무엇인지 모르고 지나왔던 시간에 대한 시적 형상화 과정으로도 보인다. 물론 이때 노스탤지어는 과거에 대한 향수를 뜻하기보다는 실체를 알 수 없는 어떤 열망, 염원, 바라봄에 가깝다.

2. 당신이 좋아하던 사랑을 말하기 위해서, 아직도 말하지 못한 눈물을 말하기 위해서

그렇다면 그 막연한 노스탤지어는 무엇 때문일까? 주향숙 시인은 무엇 때문에 시를 쓰지 못해 안달하는가? 창조란 불만족을 만족으로 전환하기 위한, 즉 변화를 목적으로 하는 행위이고, 이것은 "날 수 없는 새"에게 형상을 부여해서 날게 해주려는 열망과도 닮아 있다. "검은 대나무 끝에 앉아/하늘을 올려다보는/새"(「솟대」)는 목을 길게 빼고 대상을 향하는 노스탤지어 그 자체인 것이다. 그렇다면 무엇이 그녀를 불편하게 하는지, 왜 변화가 필요한지 되물어야 한다.

그런데 이 시집의 전반부까지 그녀는 자신과 무슨 관련이 있는지 모호한 대상들을, 맥락을 드러내지 않은 채 불쑥불쑥 튀어나오는 이미지들로 구성한다. 차근차근 친절하게 설명하지 않겠다는 듯 딴청을 부리며 양파처럼 몇 겹의 다층적 소재와 의미들을 풀어헤쳐 놓는 것이다. 그래서 시집 후반부의 시까지 다 읽었을 때야 비로소 퍼즐이 맞추어지듯 이해가 되는 측면이 있다. 특히 본인과 관련된 이야기일지도 모르는 시들은 3부 뒤쪽에 실려 있어서 그 퍼즐 맞추기는 계속해서 지연된다. 게다가 몇몇의 시는 기존의 관념을 깨는, 어울리지 않는 대상들을 엮어 나란히 배치함으로써 그로테스크하면서도 낯선 심상들을 창출하는데 이를테면 기차에 뛰어들어 자살하는 언니와 화사한 봄날에 벚꽃이 져서 기차에 흩어지는 장면(「개양벚꽃」)의 배치와 트럭에 가득 실린 돼지의 분홍 살을 보고 만개한 벚꽃을 연상하는 장면(「봄날」)들이 그러하다. 이러한 독특한 시적 배치는 어떤 대상들에 국한되는 것뿐 아니라

상황의 배치에도 적용이 되는데 「수요일의 다큐」라는 시에서는 "아무것도 할 수 없다고 하더라도/싫은 사람과 밥을 먹으면 곧잘 체하곤 했다"와 "아이는 뜨거운 태양과 씨름하며 종일 밭을 갈고/동생이 있어 산다고 했다, 이제/둘뿐이라고 했다"라는 문장이 각각의 연으로 맥락 없이 서술된다. 이 시 자체에서는 서로 연관성이 없는 상황의 배치인데 이 시보다 더 앞서 나온 「그림자 일기」라는 시에 형상화된 운동장 한가운데 쪼그려 앉아서 까맣게 탄 아이와 태양의 심상과도 연결되는 식이다. 이렇듯 그녀의 시는 여기저기 다른 시들에 흩어진 연관된 심상들을 한데 모아 맞추어보는 재미가 있다. 앞에서 살펴본 「사과는 사과를」과 「창살」이 서로 연관성이 있으면서 반복되는 어구들이 있듯 「경사로」의 "마음을 놓아도 되는 사람을 갖고 싶다고 했다/그런 건 없는 줄 알지만"이라는 문장과 「지족」의 "거기 수레국화 피었나요?/다정하고도 쓸쓸한//질문을 갖고 싶었다, 그런 건/없는 줄 알지만"이라는 문장 역시 의미적 유사성과 반복되는 어구들이 보인다. 그녀는 마치 "애써 무엇을 더 갖지 않아도/배경처럼 친절"(「밀양」)한 '친절하지 않은 친절'의 형식을 만들어내고 싶어 하는 것처럼 느껴진다.

이렇듯 배경처럼 곳곳에 감추어진 섬세한 감성들을 찾아내느라 그녀의 시에서 느껴지는 막연한 노스탤지어의 근본적 정체가 무엇인지 단번에 파악하기는 쉽지 않다. 그렇지만 다음의 시들은 시적 주체의 유년기와 가족에 대해 짐작할 수 있는 장면들이 등장한다. 「남성동(南城洞)」에서 주체는 옷가지에서 소, 돼지, 뱀 같은 짐승의 형상을 한 혼들이 빠져나오는 꿈을 꾸고는 자주 까무러쳐 무당집에 실려 간 경험이 있고, 「스페인 광장」의 주체 역시 자신의 방에 불이 나는 악몽을 꾼다. 그 악몽이 싫어 머리맡에 칼을 두고 자는 무속적 방어행위도 한 듯 보인다. 특별한 사정이나 집안 내력이 있을 수도 있지만, 그녀는 옛날 어른들 말씀으로 영이 맑아 태생적으로 "맑아서 슬픈 것들"(「물거품처럼 나는 자꾸 말을」)을 예민하게 감지하지 않았을까? 하고 짐작만 할 뿐이다. 다행히 무당집에 다녀온 이후 경기(驚氣)는 멈추었지만, 동생인 막내가 아팠고 아버지 또한 마흔을 넘어 심장병을 앓았기에 집안 형편과 분위기가 마냥 밝을 수는 없었으리라.

못에 걸어둔 옷가지에서
소매와 목둘레
소, 돼지, 뱀 같은 짐승의 형상을 한 혼들이 빠져나오는
꿈을 자주 꿨다

까무러치는 나를 업고
엄마는
서장대 아래 무당집으로 달려갔다

의족인 주인아저씨가 없는 다리를 들어 나를 울렸다
엘레지의 여왕 이미자는 동백 아가씨를 불렀다

아버지는 오토바이로 식구들을 태우고 다니기 좋아하셨다 돌부리에 걸려 넘어질 때도 있었다
어머니는 막내를 낳으셨다, 막내는
아팠고

월부장사를 해서 재미를 보셨던 신성일 닮은 아버지는
그러나 마흔을 넘기며
심장병을 앓으셨다

무당집을 다녀온 이후로 경기(驚氣)는 하지 않았다

—「남성동(南城洞)」 전문

머리맡에 칼을 두면 악몽을 꾸지 않는다죠
불타는 방, 왜 내 꿈속에는
불이 나는 걸까요
불이 나는 걸까요

무엇이든 해야 해요 엄마를 잘라내고
십자가를 잘라내고

식빵을 훔쳐 구구구

회색 비둘기 비에 젖어요 엄마는
가요를 불러요 파편처럼

눈물은 흐르고 나면 그뿐, 돌아오지 않아요

—「스페인 광장」 부분

혼자는 무서워요, 아빠가 필요해요 내 심장은 너무 약해요
그러면 당신은 뭐라고 답하실까요?

어린 내가 있어요

당신이 좋아하던

사랑을 말하지 못했어요 아직도
눈물을 말하지 못했어요

—「모메꽃」 부분

그런데 특이한 점은 「스페인 광장」에서 불이 나는 악몽 속에서 "엄마"와 "십자가"를 잘라낸다는 것이다. 나에게 위로나

도움이 되는 존재라면 그럴 리가 없지 않을까? 이 시집 전반적으로 드러나는 아빠를 대하는 감정과 태도와는 대조적이라 인상적이다. 무동을 태워주며 어깨 위의 세상을 보여주셨던 아빠와 있으면 대밭 귀신같은 것도 무섭지 않다고 서술(「무동」)한 시도 있기에 아빠에 대한 대응은 확연하게 위의 대상과는 차이가 난다. 아마도 심장병을 앓다 돌아가셨을지도 모르는 아버지는 유년 시절 나에게 영원히 안주하고 싶은 장소와 같은 안정감 주는 존재였다. 아버지의 부재는 돌아가고 싶은 시간과 공간이 사라졌다는 의미에서 아쉬움과 슬픔을 자아내며 그 감정을 충분히 해소하지 못했을 때, 다시 회귀하고픈 맹목적인 충동이 생길 수 있다. 「모메꽃」에서는 그러한 강렬한 열망과 멜랑콜리를 느낄 수 있는데 어린 내가 아빠를 잃는다는 게 무엇인지도 모르고 보내버린 아빠를 그리워하며 어떻게든 그 상실에 대한 언어적 형식을 입혀주고 싶은 것이다. 주체는 그 감정의 실체를 알지 못했기에 오랜 시간 명명할 수 없는 불안에 시달리지 않았을까? 이 시집 일부의 시에서 드러나는 불분명한 낯설고 우울한 분위기는 아마도 "당신이 좋아하던//사랑을 말하지 못했어요 아직도/눈물을 말하지 못했어요"라는 시적 주체의 항변에서 발생했을 가능성이 있다. 그렇다면 이제야 명확해진다. 앞서 말한 알 수 없는 노스탤지어는 당신이 좋아하던 사랑을 말하고자 하는, 아직도 말하지 못한 눈물을 말하고자 하는 열망이다. 아도르노는 "더 이상 고향이 없는 자에게는 글쓰기가 고향이 된다."고 언급한 적이 있다. 함께 있으면 두려울 게 없는 존재, 언제나 만족을 주는 대상은 이제 없다. 다시 볼 수 없다는 사실도 안다. 그렇지만 그리움은 멈추지 않고 기약 없는 기다림도 멈출 수 없다. 이것은 엄청난 고통이다. 불타는 방에서 "엄마를 잘라내고/십자가를 잘라내고" 하듯 절실하게 무엇이든 해야 한다면 누군가에게 그것은 글(시)쓰기가 될 수 있다. 외로움으로 남몰래 흘렸던 눈물과 슬픔은 "흐르고 나면 그뿐, 돌아오지 않"기에 시적 형상화는 그러한 대상들을 영원히 간직하고자 하는 마음의 표현이다. 이렇듯 시를 쓴다는 행위는 시인 주향숙이 고통을 좀 더 훌륭하게 겪는 방식이자 그것을 받아들이는 삶의 자세가 된다.

3. 어떤 구절 때문에 풍요로울 날들

시인은 자기가 창작한 시의 첫 독자이다. 시를 쓰지 않았다면 시가 말하는 바를 자신이 가지고 있었으면서도 깨닫지는 못했을 수도 있다. 평범하기 이를 데 없는 주변의 사물들을 혹은 자신 안에 있지만 불분명한 존재들을 그냥 흘려보내거나 무심히 대하지 않는다면 시인은 그들과 서로 주고받은 교류를 작품으로 남길 수 있고 그것 자체가 그가 보낸 시간의 기록물이

자 내 고독의 친구가 되는 것이다. 이를테면 "사람이 없는 풍경은/기대어 서고 앉아도 보고 말을 걸면/의미가 생기"듯 "열리지 않는 문고리"도 "말을 걸면 화분이 되"고 "풍경"(「구례」)으로 다시 태어난다. 여기에서 얻는 만족과 기쁨이 창작의 절박함 때문에 받는 괴로움을 상쇄한다면 시인은 어떤 식으로든 구원받는다. 이 시집에는 앙리 루소의 그림 〈잠자는 집시〉를 보고 영감을 받아 형상화한 「집시」라는 작품이 있다. 신비로운 분위기의 달빛에 이끌려 어디까지든 가는 집시는 창조가 우리에게 주는 자유를 의미한다. 하루 일과에 지쳐 단잠에 빠진 집시 여자를 해치지 않는 사자와 검은 집시 여인, 달빛, 만돌린, 지팡이, 꽃병을 사막 위에 배치하여 생성된 몽환적이고 낯선 이국적인 이미지는 이미 현실 질서 너머의 세계이다. 한 편의 시와 같은 이 그림에서 시인은 본인이 갈망하며 창조하고픈 자유와 구원이 실현된 세계를 마주했기에 눈물이 나지 않았을까?

사자를 보고
사막에 누워 있는 여자를 보고
눈물이 났다
(알 수 없는 일)
쏟아질 것 같은 하늘과
동그란 달빛 때문에

사막의 전갈이 나를 쏜다 해도
(이것은 슬픔이 아니다)
여자 곁에는 만돌린 손에는 지팡이
여자는 그을렸고
까만 맨발로 잠이 든 여자
냄새를 맡는 사자는 마치
여자를 구원하는 전사인 것만 같고
여자는 꿈결인 듯 미소를 짓고

어디까지든 가는 것이다 집시는, 달빛 때문에

—「집시」 전문

다시 처음으로 돌아가 보자. 이 시집의 제목이기도 한 『너는 야구를 좋아하는 걸까 야구공을 좋아하는 걸까』라는 질문으로. 처음엔 경기의 흐름, 전략, 선수들의 플레이를 즐기는 야구라는 스포츠를 좋아했지만 나중엔 야구공에 집착하게 된 건 아닌지 우리에게 질문을 던진다고 언급한 바 있다. 이 질문에 대한 의미부여는 다양하겠지만 굳이 본질과 본질이 아닌 것을 구별하며 어떤 쪽이어야 한다고 답할 필요는 없다. "완전한 것은 없"고 "처음은 변하기도"(「모자이크」) 하니까 말이다. 경계에서 외줄을 탔던 오랜 고독의 시간 덕분인지 그녀는 공중에서 지상으로 내려서는 세상에 대응하는 균형 감각을 갖추고 있다. 이는 살아가면서 하나를 지키느라 잃어버린 다른 것들에 대한 반성이자 아직은 사라지지 않은 나머지 것들을 무심코 흘려보내지 않으려는 삶에 대한 태도로도 읽힌다. 다른 한편으로는 주향숙 시인의 '시적인 것'에 대한 고민과 회의가 반영된 결과이기도 하다. 고도의 은유로 함축해서 독자의 현명함과 상상력을 활성화하는 과정도 중요하지만 보이는 것들에 대한 소박하고 성실한 탐색의 시선 또한 균형 있는 삶과 시 읽기를 지탱하는 한 축이 된다. 다음의 「연필의 태도」와 「사월」은 그러한 일상의 소박한 탐색과 균형 감각이 잘 드러나는 시이다.

연필 깎는 자세는 꼿꼿하죠
햇살 좋은 창가에 앉아 연필을 깎아요
사각사각 햇살을 깎다 보면
마음이 생기고

마음을 깎다 보면 빙긋
웃음이 나고

연필 깎는 자세는
나무밥이 켜켜이 쌓이는 경험이죠

거꾸로 매달리는 철봉처럼
왔다 갔다
왔다 갔다

음악이 경계를 넘나들어요 세상을 향해 조곤조곤
말을 건네는
연필의 태도가 마음에 들어요

너무 뾰족하지는 않게
너무 뭉툭하지는 않게

햇살 좋은 봄날은 온종일 고개 수그리고 글씨만 쓰고 싶죠
필경사의 수염이 되기도 하고
호흡이 가지런한 문장이 되기도 해요

—「연필의 태도」 전문

녹아내린 시간은
별이 될까 하얀 식탁보를 꺼내고
허리를 꼿꼿이 편 다음
무엇을 할까 혼자 사는 사람은
저녁별 하나쯤 사라진다 해도

고개 들어 하늘을 보면 보일까
그 별 다시 태어난다 해도
다리 위로 바람이 지난다 해도 다리를 지나
네가 내게 돌아온다 해도
나는 저녁을 짓겠네
나는 저녁을 짓겠네
사소하게
사소하게
소소하게

식탁 위에 꽃을 두겠네

—「사월」 전문

"너무 뾰족하지 않게/너무 뭉툭하지는 않게"(「연필의 태도」)나 '네가 돌아온다 해도 나는 사소하게 저녁을 짓겠네'(「사월」)라는 표현들은 현실에 대해서는 넉넉하고 막연한 갈망에는 침착할 줄 아는 삶의 연륜이 담겨 있다. 하지만 이러한 연륜에도 불구하고 슬픔이 한없이 가벼워져 "세상의 모든 슬픔"이 "하품을"(「요요」) 하는 현실을 접하거나 "주고 싶은 것만 주고 다 주었다 말"(「스피카」)하는 사람들을 만날 때, 혹은 "밥값 잘 내던 정원이도/영수도 미연이도//색에 대해 말하지 않"고 "구름에 대해 말하지 않"고 "아무도/장미를 말하지 않"(「가좌동」)을 때 다시 침울함에 빠질지도 모른다. 그렇지만 그녀는 시 쓰기를 통해 훌륭하게 고통을 겪는 연습을 충분히 했기 때문에 굴곡 있는 감정의 소용돌이 속에서도 애써 균형을 유지하며 '자연스러운 미소'를 지을 수 있을 것이다. 주향숙 시인이 현재 자신의 곁에 있는 사소한 것들을 소홀히 하지 않으면서도 막연한 갈망을 다룰 수 있는 여유를 계속해서 펼쳐 보이기를 바란다. 그녀는 자신의 고독과 친구가 되어준 어떤 구절 때문에 앞으로 살게 될 날들이 더욱 풍요로울 것이다.

시인동네 시인선 252

너는 야구를 좋아하는 걸까 야구공을 좋아하는 걸까

초판 1쇄 인쇄 2025년 4월 21일
초판 1쇄 발행 2025년 4월 28일
지은이 주향숙
펴낸이 김석봉
디자인 헤이존
펴낸곳 문학의전당
출판등록 제448-251002012000043호
주소 충북 단양군 적성면 도곡파랑로 178
전화 043-421-1977
전자우편 sbpoem@naver.com

ISBN 979-11-5896-689-8 03810

*이 시집은 2025년 경상남도, 경남문화예술진흥원의 문화예술 지원을 보조받아 제작되었습니다.